Maria Gr

La collan

Illustrazion.

Redazione: Cristina Spano
Progetto grafico e direzione artistica: Nadia Maestri
Grafica al computer: Maura Santini
Ricerca iconografica: Laura Lagomarsino

© 2010 Cideb Editrice, Genova

Prima edizione: gennaio 2010

Crediti fotografici
Archivio Cideb; De Agostini Picture Library: 19 in basso a
sinistra, 41, 42, 47 centro a destra, 47 in basso al centro, 55
in basso a destra, 60.

Saremo lieti di ricevere i vostri commenti o eventuali
suggerimenti, e di fornirvi ulteriori informazioni sulle nostre
pubblicazioni:
info@blackcat-cideb.com

Le soluzioni degli esercizi sono disponibili sul sito:
www.blackcat-cideb.com

ISBN 978-88-530-1040-7   libro + CD

Stampato in Italia da Litoprint, Genova

Indice

   Il testo è integralmente registrato.

   Esercizi in stile CELI 1 (Certificato di conoscenza della lingua italiana),
livello A2.

Personaggi

In secondo piano: **i trafficanti di opere d'arte**; in primo piano, da sinistra a destra: **Paolo, Marcella, Anna, Lorenzo, Guido.**

Bergamo alta.

Bergamo

Questa città si trova nell'Italia settentrionale, poco lontana da Milano e dal confine con la Svizzera. Costruita sulle colline, si divide in **Bergamo alta** e **Bergamo bassa**.

Bergamo alta

Bergamo alta è una città medioevale, circondata da mura costruite nel XVI secolo, durante la dominazione veneziana.

La parte più conosciuta e frequentata di Bergamo alta è **piazza Vecchia**, con una bella fontana, il palazzo della Ragione, la Torre Civica (detta il *Campanone*) e la biblioteca civica *Angelo Mai*.

Sul lato sud di piazza Vecchia si trovano il **Duomo**, la cappella Colleoni con il monumento funebre al condottiero Bartolomeo Colleoni (tra il 1395 e il 1400-1475), il Battistero e la basilica di S. Maria Maggiore, al cui interno si possono ammirare preziosi arazzi [1].

---

1. **Un arazzo**: tessuto ornamentale che può rappresentare personaggi, paesaggi o scene di argomento storico.

Via Colleoni collega piazza Vecchia a piazza della Cittadella ed è il cuore commerciale della città alta.

In piazza della Cittadella si trovano il **Museo Archeologico civico** e il Museo civico di Scienze naturali.

Nella città alta ci sono anche l'Orto Botanico e la sede della facoltà di Lingue e Letterature straniere.

Di grande interesse la passeggiata sulle mura erette dai Veneziani. Dai suoi baluardi [2] e dalle piattaforme [3] si può ammirare un bel panorama sulla città bassa e sulla pianura.

Bergamo bassa

Importante centro di commerci fin dai tempi dei romani, la città bassa è ancora animata da piccole botteghe artigiane.

Bergamo bassa è sede del **Comune**, della **Prefettura** e della **Provincia**. Il suo centro è la zona compresa tra Porta Nuova e il bel viale alberato detto *il Sentierone* (piazza Matteotti).

Bergamo bassa.

2. **Un baluardo**: struttura fortificata.
3. **Una piattaforma**: spazio di terreno piano.

In passato qui aveva luogo la fiera di S. Alessandro, mentre oggi è la meta preferita dai Bergamaschi per le loro passeggiate in città.

La strada più importante è viale Giovanni XXIII che va dalla stazione ferroviaria a Porta Nuova.

Nella zona settentrionale della città bassa si trova la **pinacoteca dell'Accademia Carrara**, famosa per le sue importanti collezioni di opere d'arte.

Comprensione scritta

1 Rileggi il dossier e indica se le seguenti affermazioni sono vere (V) o false (F).

		V	F
1	Bergamo si trova al confine con la Francia.	☐	☐
2	La città si divide in "vecchia" e "nuova".	☐	☐
3	Bergamo alta è una città medioevale.	☐	☐
4	Il cuore della città alta è piazza Vecchia.	☐	☐
5	All'interno della chiesa di S. Maria Maggiore si possono ammirare statue preziose.	☐	☐
6	Sulle mura erette dai Veneziani si possono fare lunghe passeggiate.	☐	☐
7	Nella città bassa ci sono molte botteghe di antiquariato.	☐	☐
8	Il "Sentierone" è la via più importante della città bassa.	☐	☐
9	In passato la fiera di S. Alessandro si svolgeva in viale Giovanni XXIII.	☐	☐
10	L'Accademia Carrara è famosa per le sue importanti collezioni di mobili.	☐	☐

2 Fai una lista dei monumenti di Bergamo che ti interessano di più e spiega perché.

Prima di leggere

1 Queste parole sono usate nel capitolo 1. Associa ogni parola all'immagine corrispondente.

a	Una barbetta	**d**	Un bicchiere	**g**	Un campanello
b	Un carabiniere	**e**	Un corridoio	**h**	Gli occhiali
c	Un pianerottolo	**f**	Uno zaino	**i**	Un (telefono) cellulare

CAPITOLO 1

Una nuova inquilina

La ragazza bionda sospira e lascia cadere un enorme zaino sul
pianerottolo delle scale.

"Oh, finalmente ci siamo! Non ne potevo più!"

Controlla i nomi scritti sui campanelli e suona. La porta si apre subito e una ragazza dai capelli rossi e ricci la saluta:

— Ciao! Tu devi essere Anna! Io sono Marcella. Entra, ti faccio strada.

Anna la segue per un lungo corridoio fino ad una piccola cucina dove c'è un ragazzo alto, con gli occhiali e una buffa barbetta.

— Questa è Anna, gli dice Marcella.

— Ciao, Anna! Io sono Paolo! Il...

Marcella lo interrompe con un sorriso.

— Bene. Adesso siamo al completo! Anna, vuoi un caffè o preferisci vedere subito la tua stanza?

— Oh, grazie! Un caffè lo prendo proprio volentieri. Magari prima un bicchiere d'acqua fresca. Mi è venuta una sete camminando con questo zaino pesante sulla schiena...

9

La collana longobarda

Mentre bevono il caffè, i tre ragazzi cercano di conoscersi meglio.

Marcella racconta che è di Sondrio e studia giurisprudenza. Paolo, invece, viene da Padova e vorrebbe diventare farmacista come suo padre.

Anna li ascolta interessata e, quando è il suo turno, dice che è tedesca, anzi bavarese. Sua madre, però, è italiana. Studia lingue all'università di Monaco e ha ricevuto una borsa di studio per migliorare la conoscenza dell'italiano, che parla già abbastanza bene.

— Ma mi piacerebbe anche conoscere il paese di mia madre! continua la ragazza. Viaggiare un po' per l'Italia...

— Certo! approva Marcella. È una buona idea. Adesso vieni che ti faccio vedere la tua stanza!

Mentre Marcella aiuta Anna a sistemare le sue cose, le dice:

— Senti, stasera andiamo in discoteca. Vuoi venire anche tu o sei troppo stanca?

— Grazie! Vengo volentieri! le risponde. Se mi riposo un po', penso di essere in forma. A dire la verità, le discoteche non mi piacciono molto, ma non ho voglia di rimanere sola proprio la prima sera! A che ora devo essere pronta?

— Verso le 10, aggiunge Marcella. Prima, però, ceniamo tutti e tre insieme. Conosci i casoncelli[1]? Nooo??? Sono la specialità di questa città! Allora stasera io e Paolo li prepariamo per te!

Dopo cena i tre escono per andare in discoteca. Il locale dove Marcella e Paolo vanno spesso il sabato sera si trova un po' fuori Bergamo. È un edificio moderno abbastanza grande e, all'interno, ci sono una sala da ballo e un piccolo bar.

---

1. **I casoncelli**: specialità gastronomica di Bergamo.

La collana longobarda

Quando arrivano, la sala è piena di ragazzi e ragazze che ballano, chiacchierano e si divertono. La musica è a tutto volume. Paolo e Marcella si buttano nella mischia [2] e cominciano a ballare, mentre Anna preferisce sedersi in un angolo e osservare la folla.

Improvvisamente sente una voce maschile che le chiede:

— Ciao, sei sola? Posso sedermi vicino a te?

— Prego, fai pure, gli risponde Anna. No, non sono sola. Sono qui con due amici che stanno ballando.

— Io sono Guido. E tu come ti chiami?

— Anna.

— Allora, Anna, andiamo a ballare anche noi? le chiede Guido.

— No, grazie! Mi dispiace! gli risponde. Sono troppo stanca e preferirei stare seduta.

— Ma almeno posso offrirti qualcosa da bere? insiste Guido.

— Grazie, volentieri! Prendo una gazzosa [3] con una fettina di limone.

Guido si dirige subito verso il bar.

Al suo ritorno Anna gli dice che è tedesca e che è a Bergamo per cinque mesi con una borsa di studio. Guido, invece, le dice che è di Genova: a Bergamo fa il carabiniere in un'unità speciale impegnata nel recupero di opere d'arte rubate.

La loro conversazione viene interrotta brevemente da Marcella e da Paolo che, stanchi, sono ritornati al tavolo. I quattro cominciano a parlare del più e del meno [4].

Anna trova Guido molto simpatico. Prima di separarsi, i due si scambiano il numero di cellulare e decidono di rivedersi.

---

2. **Buttarsi nella mischia**: qui, entrare nel gruppo di persone che sta ballando.

3. **Una gazzosa**: bevanda gasata a base di acqua dolcificata e aromatizzata.

4. **Parlare del più e del meno**: parlare di cose non molto importanti.

Comprensione scritta e orale

1 Rileggi il capitolo e indica se le seguenti affermazioni sono vere (V) o false (F).

		V	F
1	La nuova inquilina si chiama Alba.	☐	☐
2	Nell'appartamento abitano altri due studenti.	☐	☐
3	Marcella offre ad Anna un bicchiere di acqua.	☐	☐
4	Marcella studia medicina, Paolo studia lingue.	☐	☐
5	Marcella e Paolo invitano Anna in discoteca.	☐	☐
6	La discoteca si trova in un edificio antico.	☐	☐
7	Anna non balla volentieri.	☐	☐
8	In discoteca fa amicizia con un ragazzo italiano.	☐	☐
9	Il nuovo amico di Anna si chiama Giorgio e lavora in banca.	☐	☐
10	Prima di lasciare la discoteca i due amici si scambiano il numero di cellulare.	☐	☐

2 Osserva i disegni e descrivi i personaggi con l'aiuto delle indicazioni.

1 Anna: bionda / alta / magra / tedesca / vicino a Monaco / studentessa di lingue / timida / madre italiana / borsa di studio / Bergamo.

2 Marcella: rotondetta / non molto alta / simpatica / capelli rossi e ricci / studentessa di giurisprudenza / gentile / chiacchierona / Sondrio.

3 Paolo: alto / molto magro / capelli castani / occhiali / barbetta strana / carino / gentile / studente di farmacia / Padova.

4 Guido: alto / né magro né grasso / capelli castani / Genova / carabiniere / Bergamo / simpatico / gentile / interessante.

Competenze linguistiche

1 Indica il posto di lavoro corrispondente ad ogni professione.

1 Il/La farmacista lavora in
   a ☐ un bar.
   b ☐ una farmacia.
   c ☐ un cinema.

2 Il commesso/La commessa lavora in
   a ☐ una scuola.
   b ☐ una fabbrica.
   c ☐ un negozio.

3 L'infermiere/L'infermiera lavora in
   a ☐ un ospedale.
   b ☐ un ufficio.
   c ☐ una banca.

4 L'impiegato/L'impiegata lavora in
   a ☐ una discoteca.
   b ☐ un ufficio.
   c ☐ una scuola.

5 Il/La barista lavora in
   a ☐ un'officina.
   b ☐ un ufficio.
   c ☐ un bar.

6 L'operaio/L'operaia lavora in
   a ☐ un ambulatorio.
   b ☐ una fabbrica.
   c ☐ un supermercato.

2 Qual è la professione di Anna, di Paolo, di Marcella e di Guido?

Grammatica

La costruzione *stare* + gerundio

Questa costruzione si usa per esprimere un'azione in corso nel momento in cui si parla.

*Anna dice a Guido: "Sono qui con due amici che **stanno ballando**."*

Il gerundio si forma aggiungendo alla radice del verbo la desinenza -**ando** per i verbi in -**are**, -**endo** per i verbi in -**ere** e in -**ire**.

parlare → parlando   leggere → leggendo   dormire → dormendo

1 Completa le frasi con il verbo *stare* + gerundio.

1   La ragazza (*suonare*) .... la chitarra.

2   (Noi-*Bere*) .... un caffè.

3   Il portiere dell'albergo (*mostrare*) .... all'ospite la camera.

4   Marco e Lisa (*preparare*) .... le valigie.

5   I bambini (*leggere*) .... il nuovo romanzo di Harry Potter.

6   (Io-*Fare*) .... gli esercizi di ginnastica.

7   Noi (*andare*) .... al cinema.

8   La signora Rossi (*parlare*) .... al telefono.

9   Giulio e Carla (*giocare*) .... a tennis.

10   (Tu-*Mangiare*) ....?

Produzione scritta e orale

CELI 1

1 Descrivi una persona che conosci.

CELI 1

2 Stai preparando un viaggio. Dove? Quando? Come? Perché?

CAPITOLO 2

Una passeggiata in città

Qualche giorno dopo il suo arrivo, Anna vuole visitare Bergamo,
che non conosce ancora molto bene.

È una bella giornata autunnale e all'università non ci sono
lezioni. Inoltre avrebbe proprio bisogno di un paio di scarpe pesanti
per l'inverno: in questa città, di solito, fa abbastanza freddo.

Anna preferisce cominciare la sua visita con la città vecchia,
che trova più interessante di quella nuova. Cammina lentamente
per le strade e le stradine. Ogni tanto si ferma ad ammirare i
palazzi antichi, le chiese, le case o a scattare foto ai monumenti.

Naturalmente non dimentica di guardare anche le vetrine dei
negozi alla ricerca delle scarpe invernali.

In un negozio di calzature [1], non lontano dal centro storico,
vede alcuni modelli che le piacciono molto. I prezzi scritti sui
cartellini non sono molto alti e vanno bene per lei. Decide di
entrare per dare un'occhiata.

1. **Una calzatura:** ogni tipo di scarpa.

La collana longobarda

— Buonasera, signorina, posso aiutarla? dice la commessa gentilmente.

— Buonasera, risponde Anna. Cerco un paio di scarpe pesanti non molto costose. Ho visto alcuni modelli in vetrina che mi piacciono.

— Va bene, signorina. Mi mostra quelli che preferisce? chiede la commessa. Mi dice anche il suo numero, per favore?

— 39. Se non le dispiace, vorrei vedere quel paio nero a sinistra e quello marrone in basso a destra, risponde pronta Anna.

La commessa porta alcune scatole con diversi modelli che Anna prova e riprova. Alla fine decide per le scarpe marroni.

— Sono molto comode e calde, dice guardandosi allo specchio.

— E le stanno anche molto bene! aggiunge la commessa. Sono alla moda e non costano molto.

— È vero, ha ragione! Quanto costano, mi scusi? le chiede Anna timidamente.

La commessa risponde:

— 70 euro.

Anna decide di comprarle lo stesso ed esce dal negozio soddisfatta con il sacchetto delle scarpe nuove in mano.

Improvvisamente si ricorda che deve fare ancora la spesa, perché stasera ha invitato a cena Marcella e Paolo. I due ragazzi sono molto gentili e fino ad ora hanno sempre cucinato per lei. Oggi Anna vuole contraccambiare [2].

Entra in un piccolo negozio di alimentari e compra le cose di cui ha bisogno. Prima di tornare a casa, entra in un bar del centro, beve qualcosa e si riposa un po'.

---

2. **Contraccambiare**: offrire qualcosa in cambio di ciò che si è ricevuto.

Comprensione scritta e orale

CELI 1

1 Rileggi il capitolo e scegli l'alternativa corretta.

1 Anna avrebbe bisogno di
   a ☐ scarpe pesanti.   b ☐ pantaloni pesanti.

2 Anna guarda le vetrine dei negozi di
   a ☐ abbigliamento.   b ☐ calzature.

3 I modelli che le piacciono sono
   a ☐ molto cari.   b ☐ a buon mercato.

4 Anna prova
   a ☐ pochi modelli.   b ☐ molti modelli.

5 Le scarpe che Anna compra sono
   a ☐ nere.   b ☐ marroni.

6 Prima di tornare a casa Anna va in un
   a ☐ bar.   b ☐ ristorante.

Competenze linguistiche

1 Associa il nome di ogni edificio all'immagine corrispondente.

a un supermercato   c un ristorante   e una banca   g un bar

b un ufficio postale   d una università   f un cinema   h una fontana

 1 ☐
 2 ☐
 3 ☐
 4 ☐

 5 ☐
 6 ☐
 7 ☐
 8 ☐

2 Associa ogni oggetto al nome del negozio in cui lo si può comprare.

1 ☐	I giornali, le riviste	**a**	In un negozio di abbigliamento.
2 ☐	Il latte, il caffè, l'olio...	**b**	In un negozio di pelletteria.
3 ☐	Le medicine	**c**	In edicola.
4 ☐	Il pane	**d**	In un negozio di alimentari.
5 ☐	I vestiti	**e**	In farmacia.
6 ☐	Le borse, le valigie	**f**	Al panificio.

3 Sulla lista della spesa di Anna sono cadute alcune gocce di caffè. Aiutala a ricostruire le parole cancellate.

un chilo di pa _ _ te
2 etti di pros _ _ _ _ _ o crudo
5 panini
3 etti di carne mac _ _ _ ta
2 etti di f _ _ mag _ _ o
6 u _ va
½ chilo di mele

Grammatica

Il condizionale dei verbi irregolari

Il condizionale presente si forma aggiungendo alla radice del verbo per i verbi in -**are** ed -**ere** le desinenze -**erei**, -**eresti**, -**erebbe**, -**eremmo**, -**ereste**, -**erebbero**, per i verbi in -**ire** le desinenze -**irei**, -**iresti**, -**irebbe**, -**iremmo**, -**ireste**, -**irebbero**.

I verbi irregolari presentano una radice irregolare, come al futuro.

*Anna **avrebbe** proprio bisogno di un paio di scarpe.*

***Vorrei** vedere quel paio nero.*

Essere	Avere	Volere
(Io) sarei	*(Io) avrei*	*(Io) vorrei*
(Tu) saresti	*(Tu) avresti*	*(Tu) vorresti*
(Lui/Lei) sarebbe	*(Lui/Lei) avrebbe*	*(Lui/Lei) vorrebbe*
(Noi) saremmo	*(Noi) avremmo*	*(Noi) vorremmo*
(Voi) sareste	*(Voi) avreste*	*(Voi) vorreste*
(Loro) sarebbero	*(Loro) avrebbero*	*(Loro) vorrebbero*

Andare	*io andrei...*	**Potere**	*io potrei...*
Dare	*io darei...*	**Rimanere**	*io rimarrei...*
Fare	*io farei...*	**Venire**	*io verrei...*

1 Coniuga i verbi tra parentesi al condizionale.

1   Giulio (*volere*) .... comprare un nuovo computer.

2   Tina, mi (*dare*) .... il vino, per favore?

3   Ragazzi, (*potere*) .... chiudere la porta?

4   Vi (*andare*) .... di fare una gita in montagna domani?

5   (Io-*venire*) .... volentieri al cinema, ma devo finire un lavoro!

6   (Loro-*Essere*) .... disposti a darci una mano?

7   (Tu-*Rimanere*) .... qui ancora qualche giorno?

8   Senta, ci (*fare*) .... un favore?

Produzione scritta e orale

CELI 1

1 Dove abiti? In un paese, in un villaggio o in una grande città? Potresti descrivere i monumenti e le cose interessanti del luogo in cui vivi?

CELI 1

2 Ti piace fare la spesa? Preferisci andare al supermercato o nei piccoli negozi? Nel luogo in cui vivi c'è un mercato settimanale? Che cosa pensi dei prodotto biologici? Racconta...

Prima di leggere

1 Queste parole sono usate nel capitolo 3. Associa ogni parola all'immagine corrispondente.

a Un aspirapolvere   c Un diario   e Uno scaffale

b Una palestra di roccia   d Un letto   f Una scrivania

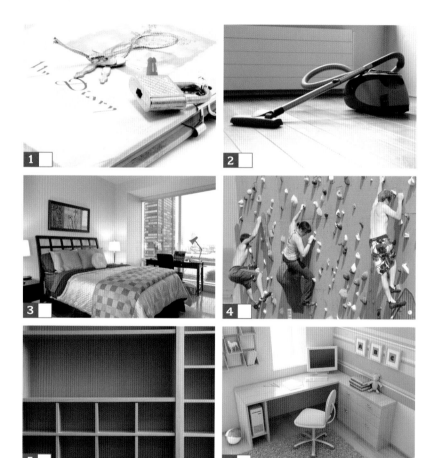

CAPITOLO 3

Una strana scoperta

Anna è a Bergamo da un mese e vivere in Italia le piace
moltissimo.

Durante la settimana frequenta le lezioni all'università, la sera
qualche volta esce con gli amici o con Guido. I due vanno molto
d'accordo: di tanto in tanto fanno gite nei dintorni, oppure vanno
a prendere una pizza o vanno al cinema.

Non fa ancora molto freddo e Anna ne approfitta per dedicare
qualche fine settimana al suo passatempo preferito:
arrampicarsi. Le palestre di roccia non lontane dalla città sono
famose anche in Germania. Guido, Marcella e soprattutto Paolo,
poco sportivo, non condividono la sua passione. Per loro questo è
uno sport faticoso e pericoloso.

Oggi è sabato. Anna è sola perché Marcella e Paolo sono
andati a trovare i genitori e Guido è di turno. Fuori piove e la
ragazza non è potuta andare ad arrampicarsi. Nell'appartamento
si annoia un po' e non sa cosa fare. Senza grande convinzione

La collana longobarda

decide di mettere in ordine la sua camera. Dà una spolverata [1] alla scrivania e allo scaffale, poi passa l'aspirapolvere sotto il letto, ma improvvisamente batte contro qualcosa.

"E questo cos'è?" pensa Anna.

Si abbassa per guardare meglio e vede un oggetto nero, impolverato. Allunga la mano e lo prende.

"Oh, ma guarda, un diario, esclama sorpresa. Chi lo avrà lasciato qui?"

Cerca di aprirlo per trovare il nome del proprietario, ma non ci riesce. Il diario è chiuso a chiave.

"Che strano...", pensa Anna.

Guarda nuovamente sotto il letto per cercare la chiave, ma senza successo. Dopo un po' interrompe la ricerca, mette l'oggetto sulla scrivania e pensa: "Domani, quando tornano Marcella e Paolo, posso chiedere loro se sanno di chi è!"

È domenica sera, i due amici rientrano felici dal week-end passato a casa. Salutano Anna e le mostrano le borse piene di cose buone preparate dalle rispettive madri.

— Allora, cos'hai fatto di bello questo fine settimana?

— Oh, niente di speciale, risponde la ragazza. Sono rimasta a casa e ho messo finalmente in ordine la mia camera. A proposito, sotto il letto ho trovato un diario. Sapete di chi potrebbe essere?

— No, rispondono i due.

— Ma, aspetta, potrebbe essere di Luisa! aggiunge dopo qualche minuto Marcella.

— Ma chi è Luisa? chiede Anna.

Prima di rispondere, i due ragazzi si scambiano una strana occhiata [2].

---

1. **Dare una spolverata**: togliere la polvere da mobili, oggetti, ecc.
2. **Un'occhiata**: guardare rapidamente qualcosa.

Comprensione scritta e orale

1 Rileggi il capitolo e rispondi alle domande.

1 Da quanto tempo Anna si trova in Italia?
2 Le piace vivere in questo paese?
3 Che cosa fa durante la settimana?
4 Qual è lo sport preferito da Anna?
5 Dove sono andati Paolo e Marcella durante il fine settimana?
6 Che cosa decide di fare Anna per non annoiarsi?
7 Che cosa trova sotto il letto?
8 Quali difficoltà ha con il diario?
9 Qual è la reazione dei due ragazzi quando vedono il diario?

2 Rileggi le frasi e rimettile in ordine.

a ☐ "Oh, ma guarda, un diario, esclama sorpresa. Chi lo avrà lasciato qui?"
b ☐ Si abbassa per guardare meglio e vede un oggetto nero, impolverato. Allunga la mano e lo prende.
c ☐ "Che strano...", pensa Anna.
d ☐ Cerca di aprirlo per trovare il nome del proprietario, ma non ci riesce. Il diario è chiuso a chiave.
e ☐ "E questo cos'è?" pensa Anna.

Competenze linguistiche

1 Indica la parola intrusa.

1 nuotare / insegnare / sciare / arrampicarsi.
2 leggere / ascoltare musica / lavorare / navigare su Internet.
3 andare al cinema / andare in discoteca / pensare / passeggiare.
4 partire / giocare a golf / fare jogging / giocare a calcio.
5 lavorare in giardino / preferire / guardare la TV / suonare il violino.

2 Ecco una pagina dell'agenda di Anna. Inserisci per ogni giorno della settimana almeno due tra le attività indicate qui sotto.

lezione storia dell'arte   fare spesa   parrucchiere   piscina
mettere in ordine cucina   palestra di roccia   biblioteca
pizzeria con Guido   telefonare mamma   dentista
cinema con Marcella   museo   lezione letteratura italiana

Grammatica

Il passato prossimo

Il passato prossimo si forma con l'indicativo presente dei verbi **essere** e **avere** (*ausiliari*) più il participio passato del verbo.

Il participio passato si forma aggiungendo alla radice del verbo le desinenze -**ato** (verbi in -**are**), -**uto** (verbi in -**ere**) e -**ito** (verbi in -**ire**).

Con il verbo **essere** il participio passato si accorda con il soggetto come un aggettivo.
Marcella e Paolo **sono andati** *a trovare i genitori.*
Lei non **è potuta** *andare ad arrampicarsi.*

Il passato prossimo si usa per esprimere un'azione che si è svolta nel passato.
*Allora, cos'***hai fatto** *di bello questo fine settimana?*
Sono rimasta *a casa e* **ho messo** *finalmente in ordine la mia camera.*

1 Rimetti in ordine le frasi come nell'esempio. Coniuga i verbi al passato prossimo.

Es.   *andare / due anni fa / a sciare / mia sorella / a Bormio.*
*Due anni fa mia sorella è **andata** a sciare a Bormio.*

1   una gita / (*noi*) fare / la scorsa settimana / in montagna.

2   tornare / Aldo / dall'Australia / dieci giorni fa.

3   in Lombardia / una casetta / i nostri amici francesi / comprare.

4   al mare / (*voi*) essere / l'anno scorso?

5   di fare / nel deserto / un viaggio / Margherita e Luisa / decidere.

6   ieri/ in un ristorante giapponese / (*io*) mangiare.

7   medicina / studiare / in un'università inglese / Carolina.

8   di Mankell / (*voi*) leggere / il nuovo romanzo?

9   all'estero / lavorare / Luca e Giulio / per alcuni anni.

10   della Valtellina / (*tu*) bere / lo Sfursat?

Produzione scritta e orale

1 Nel tempo libero Anna va alla palestra di roccia per arrampicarsi. Che attività ti piace svolgere nel tempo libero? Scegli almeno due attività e spiega perché ti piacciono.

> fare jogging   giocare a tennis   nuotare   giocare a golf   leggere
> navigare su Internet   ascoltare musica   andare al cinema
> andare in palestra   giocare a calcio   guardare la TV   dormire

CELI1

2 Secondo Marcella, Paolo e Guido arrampicarsi è uno sport pericoloso. Sei d'accordo?

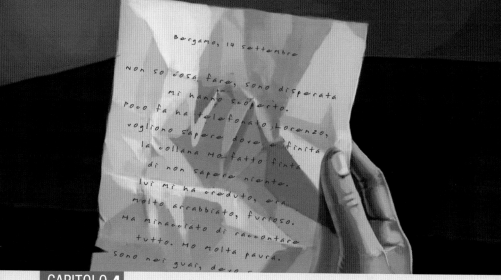

Bergamo, 14 settembre

Non so cosa fare, sono disperata
mi hanno scoperto.
Poco fa ha telefonato Lorenzo,
vogliono sapere dove è finita
la collana Malfatto finta
di non sapere niente.
lui mi ha creduto, era
molto arrabbiato, furioso.
Ha minacciato di raccontare
tutto. Ho molta paura.
Sono nei guai, devo...

CAPITOLO 4

Luisa, una ragazza misteriosa

È Marcella che, dopo qualche minuto di silenzio imbarazzante,
comincia a parlare.

— Luisa è una studentessa di archeologia, che fino a poco tempo fa abitava nella tua stanza.

— Poi, un bel giorno, continua Paolo, ci ha detto di aver trovato un piccolo appartamento in un altro quartiere della città e di voler traslocare al più presto. Una sera siamo tornati a casa e la sua stanza era completamente vuota. Pensa, aveva portato via tutte le sue cose in fretta e furia [1]! Sul tavolo della cucina c'era solo un bigliettino con due righe di saluto. Niente indirizzo o numero di telefono. Ciao e basta! È successo tutto così in fretta e forse è per questo che ha dimenticato il diario!

— Eh sì, aggiunge Marcella, a noi è dispiaciuto molto. Era una ragazza così simpatica, allegra...

---

1. **In fretta e furia**: in maniera veloce.

La collana longobarda

— Ma non è vero, la interrompe Paolo. Negli ultimi tempi era sempre così triste, nervosa, preoccupata... Tu pensavi che... E poi, scusa, non mi sembra giusto parlare così! Anche Anna è simpatica e allegra. Io personalmente sono felicissimo di averla qui con noi...

— Va bene, va bene, dice Marcella. Adesso non esagerare! Non mi sembra il caso di...

— Ehi, ragazzi, non litigate! interviene Anna. È tutto un po' strano. Non si è accorta di aver dimenticato il suo diario? Uhmmm! I due amici si scambiano di nuovo una strana occhiata.

— Hai ragione! Effettivamente la cosa è un po' strana, ma, come ti abbiamo già spiegato, siamo tornati a casa e non l'abbiamo più trovata.

Dal tono seccato Anna capisce che i due non hanno nessuna voglia di continuare a parlare di Luisa e cambia argomento.

In tono allegro fa domande sul loro fine settimana e sui cibi che hanno portato da casa. L'atmosfera, però, è cambiata. Paolo e Marcella non parlano volentieri e le danno alcune informazioni senza entusiasmo. Anna si accorge che sono un po' irritati e decide di finire la serata.

— Sarete stanchi, penso. È meglio se andiamo tutti a dormire. Domani inizia una nuova settimana di lavoro! Comunque mi dispiace se siete arrabbiati. Scusate!

— Ma no, non ti preoccupare! la rassicurano Paolo e Marcella gentilmente. Non siamo arrabbiati. Come hai detto tu, siamo solo stanchi.

I tre si augurano la buonanotte e spariscono nelle loro camere.

"Che storia strana! pensa Anna. Il diario è una cosa così personale... Nessuno lo dimentica in giro! Secondo me qui c'è qualcosa che non va. Appena sono sola, cerco di aprirlo. Forse trovo una spiegazione a tutta questa faccenda."

Intanto lo nasconde in un cassetto della scrivania.

Comprensione scritta e orale

1 Rileggi il capitolo e trova gli errori.

1 Luisa è una studentessa di filosofia che abitava nella stanza di Paolo.

2 Luisa ha traslocato per andare ad abitare in una grande casa.

3 Secondo Marcella, Luisa era una ragazza nervosa e triste, ma secondo Paolo era sempre di buon umore.

4 Anna capisce dal tono allegro che i due amici parlano volentieri di Luisa.

5 La ragazza, per cambiare argomento, racconta le sue vacanze.

6 Alla fine Anna augura una buona settimana.

7 Da sola nella sua camera Anna pensa che domani deve alzarsi presto.

8 Nasconde le scarpe sotto il letto.

Competenze linguistiche

1 Associa ogni aggettivo al suo contrario.

1 ☐ Simpatico		a	Allegro
2 ☐ Nervoso		b	Sereno
3 ☐ Preoccupato		c	Antipatico
4 ☐ Stanco		d	Infelice
5 ☐ Triste		e	Rilassato
6 ☐ Felice		f	Riposato

2 Inserisci nella tabella gli aggettivi che usano Marcella e Paolo per parlare di Luisa e di Anna.

Luisa	Anna

Grammatica

I pronomi diretti di terza persona

I pronomi diretti di terza persona sostituiscono un nome usato con funzione di complemento oggetto. Le forme sono:

Singolare		Plurale	
Maschile	Femminile	Maschile	Femminile
lo	la	li	le

I pronomi diretti si trovano sempre davanti al verbo, tranne all'infinito, in cui si uniscono al verbo.

*Non ti preoccupare, **la** rassicurano Paolo e Marcella.*
*Il diario è una cosa così personale... Nessuno **lo** dimentica in giro!*
*Sono felicissimo di aver**la** qui con noi.*

1 Completa le frasi con il pronome diretto appropriato.

1 Il caffè? .... bevo ogni giorno.

2 I peperoni, come ...... vuole? Rossi o gialli?

3 Scusi, sa dov'è il museo? Mi dispiace, non ..... so!

4 La fermata dell'autobus è accanto al museo. .... vede?

5 Conosci quelle due ragazze? Mi dispiace, ma non ..... conosco.

6 La pizza? ...... preferisco senza mozzarella.

7 Queste scarpe? ...... trovo troppo moderne!

8 Compri tu i ravioli? Certo! ..... preferisci ai funghi o agli spinaci?

Produzione scritta e orale

CELI 1

1 Anna divide l'appartamento con Marcella e Paolo. Hai mai abitato insieme ad altri amici? Racconta la tua esperienza.

CAPITOLO 5

Un messaggio enigmatico

Nelle settimane seguenti Anna ha molto lavoro all'università e si **dimentica del diario e di Luisa.**

Durante il fine settimana di Ognissanti è di nuovo sola, dato che Marcella e Paolo sono andati a trovare la famiglia e Guido è di turno. Improvvisamente si ricorda del diario.

Lo prende e cerca di aprirlo. Non è molto facile, ma alla fine ci riesce: è proprio il diario di Luisa! Tutta contenta per il suo successo comincia a sfogliarlo. Nelle prime pagine Anna trova solo annotazioni di Luisa sulla sua vita all'università di Bergamo.

Parla anche delle sue esperienze al Museo Civico Archeologico della città, dove lavora nel tempo libero per fare pratica. Il suo compito è tenere in ordine e catalogare i nuovi reperti [1] scoperti nei dintorni. Il suo interesse va soprattutto a quelli longobardi [2], che le piacciono tantissimo.

1. **Un reperto**: oggetto ritrovato durante uno scavo archeologico.
2. **Longobardo**: che appartiene a un'antica popolazione germanica.

Un messaggio enigmatico

Tutto sommato le annotazioni sono piuttosto noiose e lasciano Anna delusa per non aver scoperto niente di particolare. Fuori è una bella giornata d'autunno. Decide che è meglio interrompere la lettura per fare una passeggiata in città.

Ma quando sta per chiudere il diario lo sguardo cade improvvisamente su una pagina diversa dalle altre, scritta in modo caotico, piena di macchie e con molti spazi vuoti.

> Bergamo, 14 settembre
>
> Non so cosa fare, sono disperata, mi hanno scoperto. Poco fa ha telefonato Lorenzo, vogliono sapere dov'è finita la collana. Ho fatto finta[3] di non sapere niente. Perché lui non mi ha creduto? Era molto arrabbiato, anzi, furioso.
>
> Ha minacciato di raccontare tutto. Ho molta paura.
>
> Sono nei guai, devo assolutamente andare via.
>
> Come mai sono stata al loro gioco[4]?
>
> Non so assolutamente cosa fare.
>
> Devo scappare da qui!!!!!!

Anna è allibita. Non sa cosa pensare. Si rende subito conto che quello che ha scritto Luisa è veramente molto strano. Legge e rilegge il testo, ma non riesce a capire il messaggio.

Per schiarirsi un po' le idee decide di uscire. Cammina per le stradine della città vecchia, ma non può smettere di pensare a quello che ha letto e alla ragazza che forse è in pericolo.

---

3. **Far finta di:** far credere una cosa contraria.
4. **Stare al gioco di qualcuno:** fare quello che vuole qualcuno.

La collana longobarda

"Perché non chiamo Guido? Lui si occupa di antichità rubate o cose simili. Forse Luisa ha scoperto qualcosa o è coinvolta in qualcosa di poco pulito. Forse lui può capire meglio e aiutarmi!"

Prova a chiamare Guido sul cellulare, ma è spento... Allora, tornata a casa, compone il numero della stazione dei carabinieri.

— Buongiorno! Mi chiamo Anna Schneider. Potrei parlare con il signor Lucchesi?

— Certo, signorina! Glielo passo subito.

Dopo un po' sente la voce di Guido. Lo saluta e gli dice:

— Senti, Guido, avrei bisogno del tuo aiuto. Possiamo vederci stasera?

— Penso di sì, Anna. È successo qualcosa di grave? le chiede il ragazzo, preoccupato.

— No, non proprio. Scusa, ma non ho voglia di parlarne al telefono. Possiamo vederci dopo il servizio? Potresti fare un salto da me?

— Sono a casa tua verso le otto e mezzo. Va bene?

Alle otto e mezzo in punto Guido arriva da Anna, che gli racconta tutta la storia e gli mostra il diario.

— Caspita, mi sembra proprio un bel pasticcio! le dice. Vediamo un po'!

E comincia a riflettere. Dopo qualche minuto guarda Anna e con un gran sorriso esclama:

— Sai cosa facciamo? Martedì è il mio giorno libero e, se anche tu hai tempo, possiamo andare al museo e guardare un po' in giro.

— È una buona idea, dice Anna. Ma secondo te Luisa è in pericolo?

— Non lo so ancora, cerca di rassicurarla Guido. Da quello che ha scritto sul diario mi sembra una ragazza in gamba!

Comprensione scritta e orale

1 **Rileggi il capitolo e metti in ordine cronologico il riassunto.**

a ☐ Siccome non riesce a capire quello che ha scritto Luisa nel suo diario, Anna telefona a Guido che, appena finito il turno, va da lei.

b ☐ Le prime pagine del diario sono noiose e poco interessanti, ma poi ne scopre una con un testo enigmatico.

c ☐ Anna ha molto lavoro all'università e si dimentica del diario.

d ☐ Per la festa di Ognissanti la ragazza è di nuovo sola perché i suoi amici sono andati a casa. Sola nell'appartamento, si annoia e non sa cosa fare.

e ☐ I due ragazzi, dopo aver riflettuto, decidono di andare al museo nel giorno libero di Guido per dare un'occhiata.

f ☐ Improvvisamente le viene in mente il diario, lo prende, ma è difficile aprirlo senza la chiave. Dopo molti tentativi, ci riesce.

Competenze linguistiche

1 **Completa la griglia di parole crociate.**

Orizzontali

2 Quello di Guido è spento.
3 Anna la racconta tutta a Guido.
5 È il giorno libero di Guido.
7 Per questa festa Paolo e Marcella tornano a casa.
8 Ne è piena la strana pagina del diario di Luisa.

Verticali

1 Lo legge Anna nel diario di Luisa, ma non riesce a capirlo.
4 Al museo Luisa li cataloga.
6 Senza chiave è difficile aprirlo!

Grammatica

I pronomi indiretti di terza persona

I pronomi indiretti di terza persona sostituiscono un nome usato con funzione di complemento indiretto. Le forme sono:

Singolare		Plurale	
Maschile	Femminile	Maschile	Femminile
gli	le	gli	

I pronomi indiretti si trovano sempre davanti al verbo, tranne all'infinito, in cui si uniscono al verbo.

*Il suo interesse va a quelli longobardi, che **le** piacciono tantissimo.*
*Anna **gli** racconta tutta la storia e **gli** mostra il diario.*
*Vuole mostra**rgli** il diario di Luisa.*

1 Sostituisci le parole sottolineate con il pronome indiretto appropriato.

1 Questo posto non piace <u>ai ragazzi</u>.

2 Ho chiesto <u>a Valentina</u> di venire con noi.

3 Vorrei mostrare il libro <u>a Carlo</u>.

4 Telefono <u>a Monica e a Sandro</u> domani.

5 Chiedi <u>a Roberto</u> se ti presta la macchina.

6 <u>A Carla</u> questa gonna non piace molto.

7 Di' <u>a Pietro e a sua moglie</u> di telefonare subito a casa.

8 <u>A Giulio</u> questi occhiali non stanno bene.

Produzione scritta e orale

CELI1

1 Quando sei in vacanza in una città, ti piace andare anche al museo? Secondo te, i musei sono interessanti o noiosi? Qual è il museo più interessante che hai visto? Racconta una visita a un museo.

La gastronomia lombarda

La tradizione gastronomica lombarda è caratterizzata dalle vicende storiche e dalle diversità naturali del territorio (montagna, collina e pianura). Per molto tempo le città di questa regione sono rimaste divise tra loro e sotto il dominio delle potenze confinanti. Di conseguenza nella sua cucina ci sono influssi veneziani, emiliani, ma anche genovesi, piemontesi e toscani. Ogni provincia può vantare decine di ricette tipiche ed è quasi impossibile parlare di un'unica cucina regionale lombarda.

Milano e la sua gastronomia

Milano è famosa per il **risotto alla milanese**, preparato con lo zafferano, e servito, di solito, con gli ossibuchi, e per le **cotolette alla milanese**, molto simili alle Wienerschnitzel viennesi, senza dimenticare la **cassoeula**, piatto preparato con un misto di carni di maiale e verze. Questi piatti sono conosciuti in tutto il mondo.

La cucina bergamasca

La cucina bergamasca è semplice e varia. I formaggi delle Alpi sono il punto forte. Il più famoso è certamente il **taleggio**, ma in questa regione si producono anche squisiti formaggi preparati con il latte di capra. La **polenta**, detta appunto bergamasca, viene preparata in mille modi: quella taragna (preparata con farina mista, gialla e nera), quella con il salame, con il brasato, con il latte…
Tipicamente bergamaschi sono i **casonsei** (casoncelli) ricavati da una pastella fatta con uva, amaretti, uova e formaggio grattugiato. I dolci tipici di questa regione sono preparati con farina di mais.

Pizzoccheri
valtellinesi.

La Valtellina

La Valtellina è la regione geografica che possiede la tradizione gastronomica più ricca della Lombardia. Tra i piatti più conosciuti ricordiamo la **polenta alla valtellinese**, i **pizzoccheri**, preparati con un condimento di patate, formaggio e verza, e lo **sciatt**, frittella preparata con formaggio, grappa, acqua minerale e farina. La **bresaola**, un salume preparato con carne di cavallo seccata, ha ormai raggiunto fama internazionale.

La cucina della Pianura Padana

Nella Pianura Padana, in particolare nelle località in riva ai laghi, sono numerosi i piatti di pesce di acqua dolce: si possono mangiare, tra gli altri, l'**anguilla** e il **baccalà alla mantovana**, un piatto di pesce tipico di Mantova.

I dolci

Tra i dolci ormai diffusi in tutta la regione lombarda troviamo quelli delle feste religiose: il **panettone**, il **torrone di Cremona** a Natale e la **colomba** servita alla fine del pranzo di Pasqua.

I vini

Vicino al lago di Garda e nella zona della Franciacorta si producono ottimi vini bianchi, mentre l'Oltrepò pavese, oltre a essere famoso per lo spumante, è la zona di provenienza di **bonarda** e **barbera**, entrambi vini rossi conosciutissimi.

La Valtellina produce dei vini rossi, come il famoso **Sfursat**.

Comprensione scritta

1 **Rileggi il testo sulla gastronomia lombarda e scegli l'alternativa corretta.**

1 Gli ossibuchi sono una specialità di
   a ☐ Cremona.   b ☐ Mantova.   c ☐ Milano.

2 Il taleggio è un
   a ☐ vino.   b ☐ formaggio.   c ☐ dolce.

3 La polenta bergamasca si prepara in
   a ☐ mille modi diversi.   b ☐ dieci modi diversi.
   c ☐ cento modi diversi.

4 I casoncelli si mangiano a
   a ☐ Mantova.   b ☐ Pavia.   c ☐ Bergamo.

5 La bresaola è un salume preparato con carne di
   a ☐ cavallo.   b ☐ pollo.   c ☐ maiale.

6 Il baccalà alla mantovana è un piatto a base di
   a ☐ carne.   b ☐ formaggio.   c ☐ pesce.

7 La colomba viene servita alla fine del pranzo di
   a ☐ Natale.   b ☐ Pasqua.   c ☐ Ognissanti.

8 La bonarda è un vino prodotto
   a ☐ in Valtellina.   b ☐ in Franciacorta.
   c ☐ nell'Oltrepò pavese.

9 Il vino più rinomato della Valtellina si chiama
   a ☐ Chianti.   b ☐ Sfursat.   c ☐ Barbera.

Risotto alla milanese.

CAPITOLO 6

Un ragazzo in pericolo

Il museo civico si trova in un edificio antico. Non ha molte sale, però gli oggetti esposti sono molto interessanti e di grande valore. I due ragazzi entrano e iniziano la visita.

— Oggi c'è poca gente, nota Guido.

— Meglio! gli risponde Anna. Così nessuno ci disturba!

Nella vetrina della prima sala sono esposti vasi di varie dimensioni e di diversi metalli. Anna li osserva, affascinata. A volte Guido le mostra un oggetto e le spiega quanto è difficile recuperare le opere d'arte rubate ogni anno nel suo paese. La ragazza ascolta attentamente.

Quando entrano nella sala che espone i gioielli e gli oggetti preziosi, il cuore di Anna comincia a battere forte. Le tre vetrine contengono anelli, collane, braccialli, spille, fibule, croci, tutti oggetti lavorati finemente e ricchi di pietre preziose. I due amici passano lentamente da una vetrina all'altra e osservano attentamente ogni oggetto esposto. Quando arrivano all'ultima,

La collana longobarda

Anna non riesce a trattenere un grido di ammirazione davanti a un piccolo, semplice e grazioso anello.

— Guarda, Guido, non è bellissimo? Anche con una sola piccola pietra preziosa, è così bello nella sua semplicità!

— Hai ragione. È proprio un piccolo capolavoro!

Girando per le sale non dimenticano il motivo della loro visita al museo. Osservano tutto attentamente, ma non notano niente di strano. Prima di uscire Anna si ferma a guardare le cartoline. Mentre sceglie, squilla il telefono alla cassa. La cassiera, dopo una breve conversazione, si rivolge a uno dei guardiani e lo chiama:

— Lorenzo, al telefono! È per te!

Quando sente questo nome, Anna è molto sorpresa. Interrompe la scelta delle cartoline e dice a Guido a voce bassa:

— Non c'è un Lorenzo anche nel diario di Luisa?

— Sì, è vero! Aspetta. Mettiamoci qui dietro, dove si può ascoltare meglio, e vediamo cosa succede!

E si nascondono dietro le cartoline. Un ragazzo giovane, con una faccia simpatica, si dirige veloce verso la cassa, prende in mano il telefono e ascolta. La conversazione è molto breve, il ragazzo non parla molto, risponde a monosillabi [1], è molto pallido e nervoso.

— Grazie, Sandra, dice alla fine, agitato e confuso. Devo andare via subito! balbetta [2]. A casa mia è successo qualcosa di grave. Puoi dirlo tu al direttore? Io non ho tempo, mi dispiace!

Poi se ne va in tutta fretta.

Lo strano comportamento di Lorenzo insospettisce Anna e Guido, che decidono di seguirlo. Escono dal museo, lo lasciano salire in macchina e, dopo pochi minuti, partono anche loro.

---

1. **Rispondere a monosillabi**: rispondere molto brevemente.
2. **Balbettare**: parlare male per paura o per un difetto di pronuncia.

Comprensione scritta e orale

CELI 1

1 Rileggi il capitolo e scegli l'alternativa corretta.

1 Dove si trova il museo?
   a ☐ In un edificio moderno.
   b ☐ In un edificio in costruzione.
   c ☐ In un edificio antico.

2 Quali oggetti sono esposti nelle vetrine della prima sala?
   a ☐ Quadri grandi e piccoli.
   b ☐ Vasi di varie dimensioni e di diversi metalli.
   c ☐ Statue greche e romane.

3 Perché quando entrano nella sala dei gioielli il cuore di Anna comincia a battere forte?
   a ☐ Perché ha visto un attore famoso.
   b ☐ Perché ha visto Luisa.
   c ☐ Perché ha visto i bellissimi gioielli esposti nelle vetrine.

4 Che cosa succede mentre Anna guarda le cartoline?
   a ☐ Suona il telefono alla cassa.
   b ☐ Suona l'allarme del museo.
   c ☐ Suona il cellulare di Guido.

5 Per chi è la telefonata?
   a ☐ Per un carabiniere che si chiama Lorenzo.
   b ☐ Per un ospite che si chiama Lorenzo.
   c ☐ Per un guardiano che si chiama Lorenzo.

6 Come si comporta Lorenzo al telefono?
   a ☐ Parla e ride felice.
   b ☐ È pallido, nervoso e balbetta.
   c ☐ Non dice niente e ascolta.

CELI 1

2 Rileggi il capitolo e collega gli elementi delle due colonne per formare delle frasi.

1	☐ I ragazzi entrano e	a	alcune cartoline.
2	☐ Gli oggetti esposti	b	con una faccia simpatica.
3	☐ Durante la visita Guido parla	c	inseguire Lorenzo.
4	☐ La ragazza sceglie	d	iniziano la visita.
5	☐ Lorenzo è un ragazzo	e	sono lavorati finemente.
6	☐ Anna e Paolo decidono di	f	ad Anna del suo lavoro.

Competenze linguistiche

1 Associa ogni parola all'immagine corrispondente.

a La cassa   d Un'audioguida   g Un espositore per cartoline

b Una vetrina   e Il guardaroba   h Gli oggetti esposti

c I servizi   f Un guardiano   i Il book-shop

Grammatica

L'imperativo

L'imperativo si usa per esprimere un ordine o una richiesta, oppure per fare un invito o una raccomandazione.

Guarda, *Guido! Non è bellissimo?*
Aspetta, mettiamoci *qui dietro...*

	Parlare	Prendere	Aprire	Capire
(Tu)	*Parla!*	*Prendi!*	*Apri!*	*Capisci!*
(Noi)	*Parliamo!*	*Prendiamo!*	*Apriamo!*	*Capiamo!*
(Voi)	*Parlate!*	*Prendete!*	*Aprite!*	*Capite!*

1 Coniuga i verbi tra parentesi all'imperativo.

1 Se ti annoi, (*leggere*) .... un romanzo!
2 (Voi-*Mangiare*) .... solo cose leggere di sera.
3 Hai mal di testa? (*Prendere*) .... un'aspirina.
4 (Voi-*Aprire*) .... la finestra, per favore! Fa molto caldo!
5 Su, (noi-*andare*) .... al cinema stasera!
6 (Voi-*Tornare*) .... presto stasera!
7 (Tu-*Mettere*) .... la giacca che ti ha regalato la nonna!
8 Mi dispiace, non sono di qui! (Voi-*Chiedere*) .... al vigile.

Produzione scritta e orale

CELI 1

1 Dopo la visita al museo sei seduto(a) al tavolo di un bar e bevi tranquillamente qualcosa. Un signore/una signora si siede accanto a te e comincia a chiacchierare. Fornisci alcune informazioni su di te: come ti chiami, da dove vieni, dove lavori o studi, perché sei in Italia, da quanto tempo studi l'italiano e perché.

Prima di leggere

1 Queste parole sono usate nel capitolo 7. Associa ogni parola all'immagine corrispondente.

a Un cespuglio   c Un albero   e Una fabbrica

b Le macerie   d Un semaforo   f Una strada

CAPITOLO 7

L'inseguimento

Anna e Guido cominciano a inseguire Lorenzo, che guida in maniera veloce e poco prudente. I due amici fanno molta fatica a non perdere di vista la sua macchina.

Subito dopo la piazzetta del museo, il ragazzo gira a destra ed entra in una stradina che porta in un viale. Cerca di infilarsi tra le macchine in coda facendo arrabbiare gli altri automobilisti già irritati.

Sono le cinque del pomeriggio ed è l'ora di punta [1]: gli impiegati delle banche e degli uffici tornano a casa dal lavoro. Le auto sono in coda e il traffico è caotico.

Molti sono nervosi e suonano spesso il clacson, ma anche così la situazione non migliora. Lorenzo sembra essere ancora più impaziente degli altri automobilisti in coda come lui e per fortuna non si accorge che una macchina lo segue.

---

1. **L'ora di punta**: ora in cui la gente torna a casa e c'è molto traffico.

La collana longobarda

Alla fine del viale il ragazzo svolta a sinistra e prosegue sempre dritto. Per seguirlo anche Guido è costretto a guidare in maniera veloce e talvolta poco prudente. Si accorge che Anna ha paura.

— Mi dispiace! le dice. Come va? Hai paura?

— Sì, certo! gli risponde. Ma non importa. Dobbiamo assolutamente vedere dove va il ragazzo!

Improvvisamente il semaforo diventa rosso, Anna e Guido devono fermarsi, mentre Lorenzo riesce a passare.

— Accidenti! dice Guido.

— Oh no! esclama Anna. E adesso come facciamo?

— Non ti preoccupare, risponde Guido. Per fortuna questa strada porta in un solo posto: una fabbrica chiusa in rovina.

Dopo un po' arrivano anche loro alla vecchia fabbrica. Vedono la macchina di Lorenzo e si fermano. Parcheggiano dietro un gruppo di alberi, dove nessuno può vederli.

Il posto è veramente squallido: una parte dell'edificio è già crollata e sul terreno, qua e là, ci sono cumuli di macerie. Nella parte rimasta in piedi le finestre sono senza vetri e le porte non ci sono più. Solo i cespugli e gli alberi che crescono dappertutto rendono il luogo meno minaccioso.

— È proprio qui? chiede Anna. Che brutto posto!

Guido scende e le dice di restare al sicuro in macchina, ma la ragazza vuole assolutamente andare con lui. Insieme si avvicinano alla fabbrica senza fare rumore. Girano intorno all'edificio e sentono delle voci che discutono in tono minaccioso. Qualcuno urla. Guardano dalla finestra e vedono Lorenzo legato come un salame e tre uomini armati.

Comprensione scritta e orale

1 Rileggi il capitolo e indica se le seguenti affermazioni sono vere (V) o false (F).

		V	F
1	Lorenzo guida in maniera spericolata.	☐	☐
2	Sono le cinque del mattino: molte persone vanno al lavoro.	☐	☐
3	Alcuni automobilisti sono nervosi e suonano spesso il clacson.	☐	☐
4	Alla fine del viale Lorenzo gira a destra e continua dritto.	☐	☐
5	A un semaforo rosso Lorenzo si ferma improvvisamente.	☐	☐
6	Guido sa esattamente dove porta la strada.	☐	☐
7	La fabbrica è nuova e costruita in un posto molto accogliente.	☐	☐
8	Anna e Guido vedono Lorenzo legato.	☐	☐

Competenze linguistiche

1 Associa ogni avverbio al suo contrario.

1	☐ Prudentemente	a	Gradualmente
2	☐ Improvvisamente	b	Lentamente
3	☐ Impazientemente	c	Parzialmente
4	☐ Assolutamente	d	Quietamente
5	☐ Certamente	e	Lungamente
6	☐ Velocemente	f	Nervosamente
7	☐ Brevemente	g	Incautamente
8	☐ Tranquillamente	h	Imprevedibilmente

Grammatica

I verbi riflessivi

Si dicono **riflessivi** quei verbi in cui il soggetto e l'oggetto coincidono. I verbi riflessivi si usano con un pronome riflessivo.

*Cerca di **infilarsi** tra le macchine.* **Si accorge** *che Anna ha paura.*

Alzarsi

(Io) mi alzo	*(Noi) ci alziamo*
(Tu) ti alzi	*(Voi) vi alzate*
(Lui/Lei) si alza	*(Loro) si alzano*

La negazione si trova sempre davanti al gruppo pronome + verbo.
Non si accorge *che una macchina lo segue.*

1 Rimetti in ordine le frasi.

1 alle otto / domani / vediamo / davanti al supermercato / ci?
2 non / si / purtroppo / oggi / sente / il dottor Rossi / bene.
3 veste / elegantemente / si / sempre / la signora Marciano.
4 noi / ricordate / di / vi?
5 addormento / davanti alla TV / mi / regolarmente.
6 bene / molto / si / nel nuovo appartamento / trovano.
7 sempre / ti / del mio compleanno / dimentichi!
8 spesso / sentono / al telefono / si.

Produzione scritta e orale

CELI 1

1 Come vai al lavoro, a scuola, all'università, a fare la spesa? Prova a descrivere la strada da casa tua a uno dei posti sopraelencati. Aiutati con le espressioni date.

> a destra a sinistra sempre dritto davanti a dietro di
> girare voltare continuare prendere andare

Prima di leggere

1 Queste parole sono usate nel capitolo 8. Associa ogni parola all'immagine corrispondente.

a	Una collana	c	Un anello	e	Una mano
b	Dei soldi	d	Una finestra	f	La terrazza di un ristorante

CAPITOLO 8

Il mistero è svelato

Guido reagisce subito, entra dalla finestra e grida:

— Fermi tutti! Mani in alto!

Tutti sono molto sorpresi. Uno dei criminali cerca di sparare a Guido, che, però, è più veloce e lo colpisce a una mano. Gli altri due hanno paura, sorreggono il loro compagno e riescono a scappare.

Anna aiuta Guido a slegare Lorenzo, che è molto imbarazzato e impaurito.

— Che cosa succede qui? Come ti chiami? E chi sono gli altri tre? chiede Guido.

— Non parlo senza il mio avvocato! risponde il ragazzo.

— Va bene, se vuoi fare il furbo... Noi andiamo via e ti lasciamo solo. I tuoi "amici" fanno presto a tornare...

Lorenzo capisce che è inutile opporre resistenza e comincia a parlare.

— Mi chiamo Lorenzo e lavoro al Museo Archeologico. Lì lavora anche una studentessa di archeologia...

Il mistero è svelato

— Si chiama Luisa per caso? lo interrompe Anna.

— Come fai a saperlo? domanda, sorpreso, senza però ricevere risposta.

Allora il ragazzo continua:

— Al museo Luisa ha il compito di catalogare oggetti che provengono da scavi archeologici. E così ci è venuta l'idea di far sparire alcuni pezzi non molto preziosi e di venderli per conto nostro.

— E chi li compra? chiede Guido.

— I tre che avete visto poco fa. Fanno parte di una banda che li compra e poi li rivende all'estero. All'inizio tutto è andato bene. Qualche tempo fa, però, Luisa ha deciso di vendere una collana longobarda di grande valore, mi ha chiamato nel suo ufficio e mi ha detto: 'Senti, Lorenzo, perché non proviamo a vendere anche questa? È rischioso, perché è un pezzo molto raro, ma potremmo guadagnare un sacco di soldi!'. Ci ho pensato un po', non ero molto convinto, avevo paura, non volevo. Lei ha tanto insistito e alla fine ho detto di sì.

— E com'è finita la storia? chiede Guido.

— È finita che Luisa l'ha venduta ed è sparita con tutti i soldi. Io non ho la più pallida idea di dove sia. Adesso i tre che avete visto prima non riescono a trovarla. Sono arrabbiati con me. Vogliono la collana o i loro soldi. Hanno minacciato di uccidermi se non parlo!

Guido lascia Lorenzo alla stazione dei carabinieri, poi accompagna Anna a casa.

— Che brutta avventura! dice la ragazza. Chissà dov'è finita Luisa... Povero Lorenzo!

— Non ti preoccupare! Alla fine troveremo anche lei! le risponde Guido.

La collana longobarda

E infatti la polizia trova la ragazza in un paesino di montagna, dove si è nascosta per scappare, più tardi, all'estero.

L'avventura lega ancora di più Anna e Guido. I due ragazzi sono ora inseparabili e passano insieme ogni minuto libero. Quando il soggiorno di Anna finisce e deve tornare a Monaco, la loro amicizia continua. Trovano una soluzione per vedersi abbastanza spesso. Una volta Guido va a trovare Anna a Monaco, la volta successiva è lei che viene a Bergamo, una città che le piace tantissimo.

E una sera, mentre i due cenano sulla bellissima terrazza panoramica di un ristorante tipico della Città Alta, Guido le dà un pacchettino e le dice:

— Aprilo, è per te!

Anna è emozionata, apre e trova il grazioso anello longobardo che aveva ammirato nella vetrina del museo! Rimane molto sorpresa e non sa cosa pensare: forse anche Guido è un ladro?

Il ragazzo nota la sua reazione e chiarisce subito:

— Ma cosa pensi, sciocchina! È una riproduzione fatta per te! Perché voglio chiederti di sposarmi!

Anna ora è felice, anzi felicissima! Ride e gli risponde:

— Certo, ma a patto di non parlare più dei Longobardi e dei loro gioielli!

I due ragazzi ridono felici e cominciano a fare progetti per un futuro insieme.

Comprensione scritta e orale

1 Rileggi il capitolo e indica se le seguenti affermazioni sono vere (V) o false (F).

		V	F
1	Guido entra nella stanza dalla finestra.	☐	☐
2	Il ragazzo ferisce uno dei criminali a un braccio.	☐	☐
3	Lorenzo è molto imbarazzato e non vuole parlare.	☐	☐
4	Una banda compra i gioielli che Luisa e Lorenzo vendono.	☐	☐
5	Guido porta Lorenzo in una stazione di servizio.	☐	☐
6	Alla fine del soggiorno l'amicizia tra Guido e Anna continua.	☐	☐
7	Guido va a Monaco a trovare Anna.	☐	☐
8	Al ristorante Guido chiede ad Anna di fare un viaggio.	☐	☐

Competenze linguistiche

1 Trova nel serpentone i nomi di sei gioielli. Attenzione! C'è un intruso.

collanaspillaanelloedificiobraccialefibulaorecchini

L'intruso è _ _ _ _ _ _ _ _.

Grammatica

Le preposizioni articolate

Le preposizioni sono dette "articolate" quando sono il risultato dell'unione delle preposizioni semplici *di, a, da, in, su* + gli articoli determinativi.

	Singolare				Plurale		
	il	lo	l'	la	i	gli	le
di	del	dello	dell'	della	dei	degli	delle
a	al	allo	all'	alla	ai	agli	alle
da	dal	dallo	dall'	dalla	dai	dagli	dalle
in	nel	nello	nell'	nella	nei	negli	nelle
su	sul	sullo	sull'	sulla	sui	sugli	sulle

*Guido entra **dalla** finestra.*
*I due cenano **sulla** bellissima terrazza panoramica di un ristorante.*

1 Scegli la preposizione articolata opportuna.

1 Non trovo più le chiavi *nella/della/alla* macchina!
2 Il giornale di oggi è *sul/nel/del* tavolo in soggiorno.
3 Piazza Roma? Vada sempre dritto e *sul/al/del* secondo semaforo giri a destra.
4 Facciamo una bella nuotata *sul/dal/nel* lago?
5 *Nella/Dalla/Sulla* finestra della mia camera si vede la cattedrale.
6 Andiamo in vacanza *sulle/alle/delle* Dolomiti.

Produzione scritta e orale

CELI1

1 Per festeggiare un'occasione speciale (compleanno, anniversario...) dove preferisci andare? In un ristorante lussuoso, in una trattoria tipica, in pizzeria o preferisci preparare tu un pranzo o una cena?

CELI1

2 Ti piace cucinare? Conosci qualche ricetta italiana? Che cosa pensi della cucina italiana? Parla dei tuoi piatti preferiti.

PROGETTO **INTERNET**

Un soggiorno a Bergamo

Vai sul sito www.blackcat-cideb.com. Scrivi il titolo o una parte del titolo del libro nella barra di ricerca, poi seleziona il titolo. Nella pagina di presentazione del libro clicca sul nome del progetto per accedere ai link.

A Clicca sulla rubrica "Soggiorna". Cerca nella categoria alberghi e rispondi alle domande.

▶ Quanti alberghi a quattro stelle ci sono a Bergamo?

▶ Quanti alberghi a tre stelle ci sono a Bergamo?

▶ Tra le sistemazioni proposte scegli quella che più ti piace, clicca su "Prenota online". Descrivi brevemente la struttura selezionata (zona, prezzo, camera, servizi offerti...) e spiega il perché della tua scelta.

B Clicca su "Sapori" e rispondi alle domande.

▶ Qual è la specialità di Bergamo?

▶ Quali sono i principali piatti da abbinare alla polenta?

▶ Quali primi piatti si possono gustare a Bergamo?

▶ Indica alcune altre specialità tipiche.

▶ Qual è il dolce tipico?

1 Metti in ordine i disegni, poi fai un riassunto della storia.

A
B
C
D
E
F
G
H

2 Indovina di quale personaggio si tratta.

1 È una ragazza misteriosa. Studia archeologia e nel tempo libero fa un lavoro interessante. Secondo Guido, è in gamba. _ _ _ _ _

2 È di Genova, ma abita a Bergamo. Ha un lavoro molto speciale. È un ragazzo interessante e gentile. _ _ _ _ _

3 È chiacchierona, gentile, simpatica, le piace andare in discoteca, vuole diventare avvocato. _ _ _ _ _ _ _

4 È un ragazzo con una faccia simpatica. Purtroppo si è messo in una situazione pericolosa. _ _ _ _ _ _ _

5 È alto, molto magro, porta gli occhiali, ha una strana barbetta, vuole fare la professione di suo padre. _ _ _ _ _

6 Ha i capelli biondi, è alta e snella, parla bene italiano, vorrebbe conoscere meglio il paese di sua madre. _ _ _ _

3 **Completa le frasi. Con le lettere contenute nelle caselle troverai la parola misteriosa.**

1   Anna ci passa la sua prima sera a Bergamo: _ _ _ ☐ _ _ _ _ _.
2   Il posto di lavoro di Lorenzo: _ _ _ _ ☐.
3   Lorenzo guida in maniera _ _ ☐ _ _ _.
4   Gli oggetti esposti al museo sono di grande _ _ ☐ _ _ _.
5   Luisa scrive le sue annotazioni in un _ _ ☐ _ _ _.
6   Paolo e Marcella si scambiano una _ _ _ _ ☐ _ occhiata.
7   Paolo ha una buffa _ ☐ _ _ _ _ _ _.

La parola misteriosa è _ _ _ _ _ _ _.

4 **Completa le frasi con le espressioni proposte.**

> fare un salto   dà una spolverata   alla moda
> a tutto volume   in gamba   dare un'occhiata
> in fretta e furia   del più e del meno

1   Luisa ha portato via le sue cose ....
2   Anna chiede a Guido di .... da lei dopo il lavoro.
3   Anna compra un paio di scarpe che sono ....
4   Durante il fine settimana di Ognissanti Anna .... allo scaffale per non annoiarsi.
5   Nella discoteca dove vanno i ragazzi la musica è ....
6   Secondo Guido, Luisa è una ragazza ....
7   Anna entra nel negozio di calzature per ....
8   In discoteca i ragazzi parlano ....